I0696653

88 racconti in cento parole

di ..

ironia, satira e vita comune
da assaporare
nel tempo d'un caffè

Un grande ringraziamento è dovuto al noto artista Mauro Bendandi, emiliano, che non ha esitato ad impreziosire questo libro, donando gratuitamente i suoi bellissimi disegni con tecnica mista su base scenografica.

A Giulia Gardina, pittrice cremonese, la mia ottantenne mamma, che con la sua tecnica Caran D'ache mi ha sostenuto in questo progetto per l'Emilia Romagna.

Dipinti a olio su tela e acquerelli di Annamaria Agazzi.

Annamaria Agazzi

Prefazione

L'ultimo sforzo che lo scrittore fa, prima di lasciar volare la sua opera, dopo mesi di lavoro, è scrivere "Il titolo".

Innovativo, intrigante, atto a stimolare nel lettore, la voglia di sapere cosa leggerà pagina dopo pagina, per immergersi nelle storie raccontate, tanto da poterle immaginare senza vederle.

Durante i giorni dell'alluvione del maggio 2023 che ha colpito l'Emilia Romagna, terra di confine e vicina di casa, l'autrice, colpita dalle immagini e dai racconti postati sui social, decide di dare un aiuto immediato, con questa sua raccolta di racconti, devolvendo tutto il ricavato agli alluvionati.

Nasce così "Le mani in pasta" tratto da una celebre frase di Papa Francesco "Chi non vuole sporcarsi le mani, non è Cristiano".

Un componimento narrativo, dedicato a un pubblico adulto, costituito da ottantotto storie realizzate in cento parole esatte, né una più né una meno, la cui peculiarità risiede proprio nella sua brevità, entro la quale è suo intento, riuscire a dimostrare abilità di espressione di idee, in uno spazio estremamente ristretto, rispecchiando padronanza della lingua, originalità e capacità di sintesi.

Per lasciare un segno curioso, fornendo uno spunto di riflessione, con dovizia di ironia e satira, toccando argomenti spinosi e dibattuti, dispensando emozioni e stati d'animo, con quel coraggio nell' affermare idee che molto spesso, per pudore o ipocrisia teniamo solo per noi.

Rubando solo il tempo di un caffè.

Marito e Moglie

Ferma al semaforo rosso e sono in ritardo come sempre.

"Caro maritino, questa storia che tocca sempre a me portare giù il cane,

mentre tu con il tuo sorrisetto fingi di prepararmi il caffè

con la macchinetta espresso, deve finire!

Da domani si cambia!"

Giro lo specchietto e mi metto il rossetto.

- Fermo lì- penso

"Non scattare proprio adesso, che sbavo tutta

e chi lo sente poi il dirigente!"

-Signorina la gonna è troppo corta!

Signorina la camicetta, troppo trasparente!

Signorina il tacco è troppo alto!

Signorina il rossetto è troppo rosso!

Signorina il profumo troppo profumato!

Signorinaaa è domenica!"

Le Coccinelle

" Io vado al supermercato e tu in aeroporto

a prendere mia madre.

Ti spiego ..

È alta. Non molto. Ha i capelli biondi cioè,

la tinta.

Indossa un cappotto arancione e

una borsetta in pelle di coccodrillo verde,

non puoi sbagliare ..

Dimenticavo, ha il tono della voce un po' alto,

ma non preoccuparti poi in casa l'apparecchio acustico lo toglie! "

" *Taaaaxiiiiii ..* "

" Signoraaaaa sono il maritooooo ..."

" *Zitto zitto che ho fretta, devo arrivare in orario da mia figlia per cena,*

voglio proprio vedere chi ha sposato stavolta!

Se scopro che è un altro che infila le coccinelle nell'orecchio ..

la diseredo!

Il piano B

"Amica mia, nella vita è indispensabile

avere sempre un piano B,

per non trovarsi spiazzata in caso i tuoi progetti

dovessero fallire."

-Professa Romeo davanti ad un bicchiere di vino bianco-

"Mi incuriosisce la tua teoria.

Quindi cosa hai fatto quando tua moglie Martina,

ti ha confessato di averti tradito con il tuo migliore amico?"

-Incalzo io-

"Semplicemente ho aggiunto alcool al piano A.

Ho invitato entrambe a cena,

mentre ancora pensavano fossi ignaro del loro segreto e

tra un bicchiere di vino e l'altro

mi hanno venduto le quote dell'azienda.

Ora amica mia sono solo, ma ricco."

Compleanno

Non è facile trovare un regalo

per i tuoi primi cinquant' anni,

difficile come sei,

credo che rischierei di rimanere intrappolata

tra negozi di cravatte e cappelli, per tutto il pomeriggio.

Allora seduta sul divano,

mi fermo a pensare a quell'uomo un po' schivo

che, per nascondere la sua timidezza,

si traveste ogni giorno da Supereroe.

Se potessi ti farei tornare bambino

e ti regalerei in un solo istante, quasi mezzo secolo,

dove tu

con il naso schiacciato al finestrino di un treno,

vedi l'immagine di tuo padre sulla sua bicicletta da corsa,

che salutandoti ti promette di aspettarti.

dedicato a Gian

Figli del Dopoguerra

Pierino il Mago

" L'ho visto dopo la morte della madre

partire per Milano con quella motoretta carica di tutto,

i materassi che spuntavano dall'alto e lui che non è più tornato.

Sparito.

Paolino il Pipistrello

" Ha scambiato l'anima col Diavolo,

rifugiandosi sotto le sottane della suocera.

Due acri di terra, qualche gallina e la paghetta assicurata la domenica.

Al funerale non c'era."

Rosolino il Matto

" Ha rifiutato di fidanzarsi con la Nina per sposare la Veneziana,

quella che oggi lo ha accompagnato al funerale.

Non si è visto nessuno al loro matrimonio.

Al funerale ha pianto."

La festa del papà

Caro papà oggi è la tua festa,

c'è chi compra una cravatta e

chi invece la costruisce all'asilo

con la colla,

chi organizza una gita in bicicletta,

di quelle che :

"Ti lascio arrivare primo, perché sei il mio vecchio!"

Chi invece cucina una torta e chi,

con un mazzo di fiori viene al cimitero,

perché quell'abbraccio manca.

E poi ci sono io con il magone in gola,

io che non riesco a parlare di te,

io che pretendo che i vivi

mi facciano da madre e padre,

che poi alla fine non ne sono mai all'altezza!

Mia suocera e i souvenirs

A ogni luogo di villeggiatura che mia suocera frequenta

ne corrisponde un regalo per me.

"Bellissimo, vedessi le montagne, *-raccontava l'anno scorso-*

ti ho portato un pensierino dal negozietto di souvenirs."

Incredula esclamo: "Un sasso!..

con qualche invisibile fiorellino giallo a decoro! Sono commossa!"

Quest'anno dalla borsa estrae un pacchetto colorato,

con annesso fiocchetto.

"La commessa mi ha detto che ne saresti stata entusiasta,

si sente il mare!"

Devo ammettere che l'originalità

non è una caratteristica che la contraddistingue.

"Una conchiglia?!" In silenzio mi chiedo :

le conchiglie vanno smaltite nell'umido o nell'indifferenziata

insieme a lei ?!

Le tacche sul muro

Andavamo sempre al mare d'estate.

Ricordo che aspettavo impaziente il viaggio più bello dell'anno.

Si partiva dalla Lombardia verso il Piemonte

per prendere i nonni

e si arrivava in Veneto,

dalla famiglia

e tutti insieme al Lido ..

Chioggia era bellissima con le barche colorate

e il suo profumo di laguna.

" Ti ricordi papà il mercato del pesce al mattino presto ?

I cornetti di mamma e prima di uscire quel rito che ogni anno si ripeteva.."

" Vieni che ti misuro, vediamo quanto sei cresciuta."

Sono diciannove le tacche sul muro,

le ho contate stamattina appena arrivata ..

Mi manchi papà."

Storie di guerra

Sopra il mobile della cucina

quel cilindro color rame c'è ancora,

e mi sono sempre chiesta cosa rappresentasse.

"Grazie a questa ..

-dice il nonno mentre la prende in mano-

siamo ancora tutti vivi!

Pippo passava ogni sera all'ora di cena e con le sue ali e le sue luci,

basso basso sfiorando l'acqua

annunciava l'ora di scendere al rifugio,

noi non ne avevamo uno nostro,

andavamo da un'amico, dall'altra parte del ponte.

Quella notte con le coperte sulla testa corremmo forte

e appena dentro, lei, fu sganciata piombando sulla porta,

grazie a Dio,

inesplosa."

La Principessa ubriaca

Soraya è la Principessa preferita dal Re e

vive con le altre Principesse nella tenuta reale.

Tutte, trascorrono il giorno profumando la pelle del corpo e

pettinando i lunghi capelli neri

e ogni sera le più belle vengono scelte,

per ottenere i favori del Re.

Soraya, ormai da giorni, non è più chiamata.

Sopraffatta dallo sconforto,

tenta di avvelenarsi bevendo una giara di uva viziata

e ubriaca si addormenta.

Al suo risveglio sente di non essere più depressa,

anzi è rinvigorita dal vino

e fa conoscere così la sua scoperta al Re,

che ammaliato dalla sua intraprendenza

decide di sposarla.

Bullismo

A Scuola mi chiamano:

"Anna, Annina, Annetta, merdetta."

Ma perchè?

La verità è che mia mamma mi dice che devo difendermi,

allora io con tutta la forza che ho

domani mattina vado a scuola e

gliele suono di santa ragione a quelli là.

Questa notte ho pensato

a come sarebbe sparire per sempre,

così non mi chiamerebbero più Annina maialina!

Ma poi penso che se li perdono, come dice la maestra,

loro non lo capiscono e allora ho vinto io!

Sì lo faccio, appena mi sveglio.

Mamma io ci ho provato te lo giuro,

ma ormai non ci sono più.

Tra cinque ore mi sposo

"Sposati in primavera!"

dice la Rosina, che ha fatto sposare

quasi tutte le mie amiche del paese

e che di matrimoni se ne intende!

"Che te la compri a fà la stola, stiamo in primavera!"

Aggiunge la suocera!

Ecco questa è la primavera di quest'anno,

nevica come se non ci fosse un domani!

"Lasciato alle porte l'inverno più caldo del millennio,

l'Italia questa mattina

si è svegliata sotto la neve,

a causa di un improvviso abbassamento della temperatura."

Annuncia la Giovanna del TG!

Ma non me lo potevi dì prima,

che me ce congelo con sto' smanicato!

Il lievito l'è finito

"Pane, pasta, pappardelle, gnocchi e avanti così,

ho preso quasi venti chili durante

il lookdown!"

"Marina dai che s'ha da fa' la spesa,

che tu lo sai che serve tempo,

che tu metti la mascherina e che l'è complicato che tu sistemi

per benino occhiali e capelli,

e che tu disinfetti le mani

e che fori c'è fila fin in mezzo la piazza!"

Dice mio marito,

che quando è nervoso

sproloquia in dialetto toscano.

"Sì sì che fretta c'è, tranquillo che per ora di cena siamo a casa."

"Ma il lievito?"

"Il lievito l'è finito!"

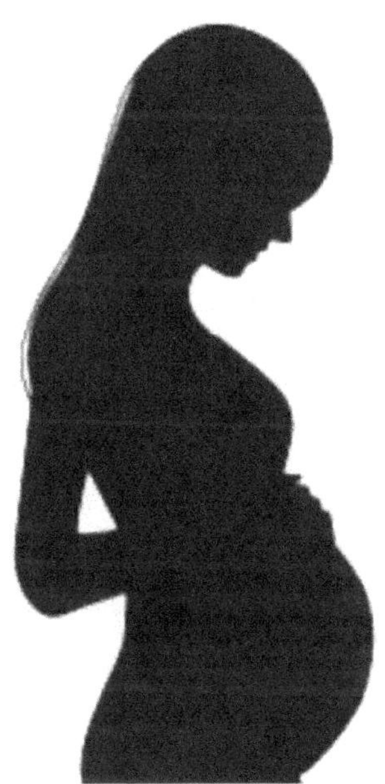

Chi vincerà?

Piccolo mio, io non so spiegartela questa guerra

che per quel disegno nella storia,

trasforma l'essere umano in un bersaglio

e si scopre più crudele di qualsiasi animale.

Non so descriverti il fumo, i vetri rotti e

la disperazione sui volti dei bambini,

che con in mano il loro peluche si aggrappano alla realtà,

per non morire di paura.

Dal profondo del mio corpo

tu già manifesti i segni della guerra,

prima che essa possa presentarsi a te e io,

non so dirti chi vincerà lottando contro ipocrisia,

e potere,

ma ti proteggerò e tu nascerai,

figlio della guerra.

Lockdown

Neppure il tempo di scendere a comprare il sale,

che la TV annuncia

che da oggi siamo prigionieri dentro casa.

Dentro quel bellissimo mini appartamento

di quarantacinque metri quadrati,

che per il mutuo ho dovuto ipotecare

pure la pensione di mia madre.

" In centro amore, così andiamo a lavorare con la metro!"

Che poi la sera, quando vuoi uscire a cena,

la macchina me tocca prenderla uguale.

" Le mattonelle amore, con la greca azzurra,

che mi ricorda il mare."

Speriamo che non ti confondi con l'acqua salata,

che l'ho scampata dal Covid

e me tocca morì de Ictus!

Mamma son tanto felice.. perchè rimango da te

"Amore a mammà, me lo vuoi fare un regalo?

Te ne devi annà a vivere da solo!"

"Nonee, per carità a mà e daje e che,

me devo scapoccià?

E la macchina come la pago poi?

A mà, te a'rimbarza che a Natale me ne devo a'nà

con Tony a Cortina?

E non me parlà a buffo!

Che ???

Camera mia l'hai affittata per l'estate ai turisti,

per tirà su du spicci per la bolletta del gas?

E me devo trovà da lavorà?

E l'Università?

A mà, me mancano solo diciannove esami,

praticamente uno l'ho superato!"

Anna e Radames

"Mamma.. quel biglietto sul comò di nonna cos'è ?"
" È la promessa d'amore che ogni domenica nonno le porta,

accompagnata da una rosa rossa.

È una richiesta di perdono senza parole,

è uno scusami a cui manca la voce..

È un non ti arrabbiare, a cui manca il tempo..

È uno sguardo che racchiude il compromesso,

fatto di piccole promesse quotidiane,

è una richiesta d'aiuto

dove pazienza e ascolto

si confondono..

È un viaggio tra orgoglio e timore

dove a farla da padrone è sempre l'amore..

È un buongiorno e una buonanotte..

da ottant' anni ogni domenica..

Principe o ranocchio ?

Quando mi dici che mi stai lasciando

perchè non posso essere mamma,

che tipo di violenza è ?

Quando ti chiedo al supermercato,

di comprare le lattughe di Carnevale

e tu mi rispondi che me le devo cucinare da sola

quando torno dal lavoro, è violenza ?

Quando l'altra sera hai preteso che ti donassi me stessa,

nonostante i miei tentativi di dissuaderti,

che nome dare alle mie lacrime ?

Quando mi prendi la testa e mi tiri i capelli forte,

perché ho bruciato con il ferro da stiro

quella camicia che ti piace tanto,

come ti devo chiamare

Principe o ranocchio?

La Marina

Mia madre ha organizzato un tè per festeggiare la Marina

che è *"incinta"*!

La Marina è sempre stata più brava di me!

"Lei fa la maestra e si è sposata

con quel bravo ragazzo del Marco!"

"Ogni volta mi ripeti la solita storia!

E basta con la tua mediocre ipocrisia,

che mi induce a pensare che sono sbagliata,

che sono una fallita!

Io cara mamma,

sono semplicemente io

e un figlio non l'ho fatto

e forse non lo farò mai,

perchè i figli non si fanno a comando e

perchè la vita non và mai come te la aspetti!"

G. Giulia

La limonata fresca

Dicono che nella vita bisogna realizzare tre cose:

fare un figlio, scrivere un libro e piantare un albero.

Io non ne ho fatta nessuna delle tre.

Il figlio non è venuto,

però ne ho presi tanti in affido, vale lo stesso?

Il libro non l'ho scritto,

solo qualche pagina chiusa nel cassetto della scrivania.

L'albero non l'ho piantato,

"Fatica inutile, mi son detta!

Io lo pianto e nella Foresta Amazzonica li abbattono!"

Ho travasato però un limone in terrazza e

in estate io e i miei figli,

mentre rileggiamo la nostra storia,

ci beviamo

una limonata fresca.

Il Tè delle cinque

È in gamba mamma Giuly, non molla mai.

Scalpita, vuole uscire, vedere le amiche del corso di pittura,

inganna il tempo facendo la Dad.

La Giuly ha ottantotto anni e

quando torno a casa, mentre tolgo la divisa,

inizia a raccontarmi di quando

La Spagnola imperversava per le vie dell'Italia,

incurante di Re e Regine e si moriva tutti allo stesso modo.

È in gamba mamma Giuly

e sul Tè delle cinque non transige!

Mentre cala il sole attraverso la finestra chiusa,

tolgo guanti e mascherina,

perchè quell'appuntamento

è l'unico modo che ho

per aggrapparmi alla vita.

Numero 21.. andiamo a casa!

Ciao Numero Ventuno, non ho capito perchè,

ma per colpa tua nessuno mi vuole portare a casa.

Sono una bambina appena nata,

ho gli occhi azzurri e i capelli biondi.

Sai diventerò grande e potremo giocare,

andrò anche a scuola e imparerò tante cose!

In ospedale sono venuti tanti genitori a trovarmi,

ma nessuno mi ha portato a casa!

Numero Ventuno siamo proprio una coppia sbagliata,

nati strani io e te!

Per fortuna questa mattina è passato un papà dalla mia cameretta,

e mi ha detto:

"Ti aspettavo, sei nata per me!"

Hai capito numero ventuno?

Ci porta a casa!

Nato Ebreo

Le case del ghetto stanno bruciando,

non ricordo da quanto sono rinchiuso in questa stanza,

ho finito il gesso per scrivere sul muro,

ho finito la candela che emanava quel filo di luce,

per ricordarmi

che sono ancora vivo.

Quei ripugnanti che dominano l'Europa

ancora non hanno capito che preferisco morire

che vedere l'alba domani!

Al sorgere del sole si leveranno ancora gli aeroplani

e per tutta la giornata massacreranno senza tregua

e in quel massacro dell'aria morirò anch' io,

insieme a loro.

Il nauseabondo odore di gas sta lentamente penetrando dai muri,

ho finito di vivere.

Io e mio fratello

Io e mio fratello siamo molto diversi,

lui è più vecchio di ben quattordici anni.

Ciò significa che io sono nata quando era in piena adolescenza,

foruncoloso, desideroso di attenzione e molto geloso.

"Mauro fra qualche mese nascerà la tua sorellina, sei felice?"

chiede mamma, pensando che *'fratelli'*,

fosse il progetto più bello del mondo.

"Mamma direi che possiamo fare una cosa,

non è meglio che

invece della sorellina mi regali il motorino?"

Tutto nasce da lì, da quella stupida gelosia

che ci ha accompagnato per anni e

che oggi davanti al dolore più straziante

ci rende ancora

due estranei.

Le donne volanti

Valery vive da sette mesi nell'angusta cantina della nonna,

dove permea

una puzza di muffa da togliere il fiato.

Con la coperta fatta all'uncinetto a quadri colorati in testa

e la torcia del cellulare legge il libro

dalla copertina nera e con i girasoli gialli,

attaccati con la colla, il diario di Paulina.

Sette febbraio millenovecentoquarantuno

"Noi studentesse e operaie in sette giorni

impariamo a pilotare

i biplani del terzo Reich e la notte

quando nessuno può vederci picchiamo duro

e con le carlinghe scoperte spargiamo dinamite al porto di pesticida e

colpiamo i cecchini a posto del granoturco."

La storia si ripete, solo ottant'anni dopo.

liberamente tratto dal racconto "I Girasoli dalla testa gialla"di A.A.

Lampedusa

"Laggiù al cimitero delle barche!"

urlava Peppo.

"Guagliò ci stà o nonno che chiama dalla barca,

che oggi passano le balene che sbuffano!"

rispose Giugiù.

Io e Giugiù ogni giorno dopo la scuola,

correvamo in bicicletta al mare,

perché sull'isola te la dovevi inventare la giornata.

Ci perdemmo lo spettacolo quella volta

e impiegammo tutto il pomeriggio alla ricerca forse di un fantasma

o forse di un'illusione.

Fu quando il sole si infiammò e scese nell'acqua,

che sentimmo piangere da dietro la barca azzurra,

quella a cui manca il fondo, dove giocavamo a nascondino..

e spuntò Balù..

La dieta di Mamma

"Giorgia da lunedì inizio la dieta,

voglio indossare quei jeans che mi ha regalato papà al compleanno,

che neanche con la colla stavano allacciati!"

"Ok mamy iniziamo con una bella corsetta,

che ti sblocca il metabolismo,

ti installo l'app sul telefonino,

ogni trenta minuti la sveglia ti avvisa,

anche se sei in macchina,

accosti un attimo e scendi, tranquilla lo fanno tutti.

Niente zuccheri e zero carboidrati, non imbrogliare

che lo so che ti nascondi le patatine nel comodino!

Non dimenticare…"

"G-g-g-iorgia p-rontooo non c'è lineee-a,

i jeans li ho regalati a Matilde,

per la dieta ci aggiorniamo!"

Regina bianca Re nero

Il tramonto,

come un dipinto su una tavolozza

si confonde con la terra arida color ocra,

mentre una giraffa danza su di essa.

Il mio sguardo è perso fuori dall'oblò del vecchio Cester.

Noi, confinati all'esilio a vita,

non smetteremo mai di batterci per eguaglianza e giustizia,

non permetteremo a l'abominio

che ci ha oppresso di sopravvivere,

e quando torneremo in Botswana,

i nostri figli non vedranno più cartelli nelle scuole,

negli ospedali, nei bagni pubblici e nelle Chiese

che dividono bianchi da neri,

perchè c'è una forza che smuove il mondo,

che è l' amore!

liberamente tratto dalla storia di Seretse Khama re del Botswana

San Valentino

"Luigi hai organizzato una serata fantastica,

adoro questa location

interamente illuminata a lume di candela e

i palloncini a cuore rossi con i petali di rosa sul pavimento,

devo dire che hai superato te stesso!"

"Elena amore mio, come potrei non notare i piccoli indizi che involontariamente

mi lanci quasi quotidianamente..

A proposito, ho un pensierino per te che sono certo apprezzerai."

Mentre Elena scarta il pacchetto, li raggiunge Enrico, l'amico gioielliere,

che, noncurante del momento chiede:

"Piaciuti gli orecchini?"

Peccato che la piccola scatola color porpora,

contenga un Trilogy che porta la dedica:

A Gloria.. ti amo Luigi.

Quel volto impresso nella mente

Fuori è ancora buio e io

mentre smonto dalla notte già ho mille pensieri,

lascio il dolore indietro e

guardo quei colori nel cielo

che vanno dal rosa all'arancione intenso,

separati solo dai miei pensieri.

Mi spunta un sorriso, il primo dopo tanto.

E poi capita quell'attimo

che mi scappa lo sguardo e

ti vedo fermo al semaforo

e in mezzo a mille battiti proprio in quel momento,

tu con i tuoi grandi occhi blu mi guardi.

E io che mi illudevo di scordare quel volto,

che la mente non dimentica.

"Ma non stai messaggiando con il telefonino?"

Le mentine di nonna

"Mamma mi porti dalla nonna oggi?"

"Gaia ricorda niente cioccolata!

Non come la settimana scorsa, che siete sgattaiolate

al supermercato insieme, tu e nonna!

Niente insaccati e niente focaccia!

Ah dimenticavo Gaia, sai nonna spesso si dimentica,

non giocate con l'acqua che poi ti raffreddi!"

"Mamma uffa, ma come giochiamo alloraaaaa?"

"Beh potreste usare le mentine, quelle che nonna tiene nascoste nella credenza

per il budino."

"Mammaaaaaa come fai a sapere tutte queste cose?"

"Piccolina ogni nonna custodisce un segreto con la propria nipotina,

che ogni mamma ha naso per scoprire."

"Mamma almeno la paghetta la posso prendere?"

"Gaiaaaaa!"

La Crocerossina e il soldato

Paolo barcollava, come se non fosse più abituato a stare in piedi.

Quando si accasciò sul sedile del treno,

con lo sguardo perso,

sembrava che attraverso il vetro di quel finestrino

rivivesse le immagini della guerra, che si sostituivano al paesaggio.

Riflessa nei suoi occhi, vidi per la prima volta

la mia divisa da Crocerossina.

Da quel giorno sono passati cinquant'anni,

oggi quando alla televisione

riecheggiano gli spari e i carri armati incombono impietosi,

Paolo ancora piange come un bambino.

Quanto può essere stupido l'uomo,

che per un pezzetto di terra

manda a morire migliaia di esseri umani?

Le mani in pasta

Sono Italiana .. ma resto nera!

Il Festival è vissuto da tutti noi

come un appuntamento,

un momento di svago,

dove lasci la giornata fuori dalla porta

e ti dedichi alla Canzone Italiana.

Ho un bellissimo ricordo di quelle serate,

quando ero piccolo ci si metteva tutti insieme

sul divano in silenzio.

Questa sera accanto a me,

c'è mia figlia Meriem di nove anni che ascolta le canzoni,

bianche o nere che siano a lei poco importa

e mentre il pubblico sovrano perde tempo in discriminazioni razziste

perché l'attrice nera non incontra il suo gusto,

Meriem mi chiede:

"Papà il razzismo è una malattia?!"

Sanremo Festival 20 22

Gli occhi di chi dorme .. senza sogni

"Stavo per andare a letto!"

e ci aggiunge uno sguardo sorridente,

troppo difficile da ricambiare.

Agli estranei che si fermano, mostra il suo sacchetto,

dove tiene tutta la sua vita.

La chiamano la "Donna dei Portici",

quasi a volerle assicurare il posto,

tra quei palazzi antichi e gli edifici di inizio Novecento,

in quella Torino per bene che

di giorno è arredata a Sala da Tè,

ma la gente è curiosa di sapere quale sia stata la disperazione

che l'ha obbligata a convincersi,

se quel cartone appoggiato al pavimento,

sia stato davvero una scelta e non

un vicolo cieco.

La vita è un cerchio

Lei non sa chi sono,

solo a volte mi riconosce,

in silenzio la osservo mentre fa qualche punto,

lei non dice niente io non dico niente.

Ogni tanto alza la testa con fare dubbioso,

guarda verso la porta e io

osservo i suoi occhi smarriti e tristi.

"Mamma cosa stai facendo?"

"Faccio un maglioncino per la bambola,

così quando torna mia figlia da scuola ci può giocare."

"Mamma sono qui, con i vestitini mi hai insegnato

a prendermi cura delle mie bambole,

come oggi mi prendo cura di te."

" Signorina ora deve andare,

tra un po' arriva la mia bambina."

Incontri in ascensore

Domenica mattina

e la città è impraticabile per la StraMilano,

così per andare da Piazza Castello al Monumentale prendo la metro.

Giulia mi ha invitato a pranzo,

siamo colleghi e non abbiamo segreti,

come fratello e sorella.

"Terzo piano grazie."

Una mora da sballo, troppo giovane per i miei gusti,

si infila correndo nell'ascensore con me.

"Anch' io vado al terzo, che coincidenza!"

" Senta ho mille pacchetti mi scusi,

se mi lascia passare io entro nell'appartamento a destra vede?

Famiglia Farina."

"Stesso piano, stessa famiglia, sono Eugenio piacere, lei chi è? La sorella di Giulia?

"No, la moglie."

L'antifurto

Giulio e Anna abitano

in un grazioso appartamento ai Parioli

e di ritorno da una vacanza

trovano tutto a soqquadro.

"Giulio entra, guarda ci hanno derubato,

come al solito avrai dimenticato le chiavi nella toppa!"

"Ioooo… ma cosa dici, è capitato solo una volta!"

"E in quell'occasione ti hanno rubato il mazzo.. saranno stati gli stessi?!"

"Chiamiamo la polizia!"

"Un attimo guardiamo cosa manca!"

"Tutta colpa tua e della tua voglia di andare in vacanza!"

"Ci avrei giurato che avresti addossato a me il misfatto!"

"Anna smettila di urlare

sembri la sirena di un antifurto!"

"Almeno l'avessimo messo!"

Terremoto

Camminano a stento per strada

e con i loro pigiamini impolverati

si aggrappano a chi li prende in braccio.

Qualcuno ride, per mascherare la paura,

qualcuno è preoccupato perché si è fatto la pipì addosso..

Sono tutti scalzi.

Un po' confusi tentano di ricordare:

"Stavamo dormendo e poi abbiamo sentito

un gran rumore e tutto era buio e faceva freddo.

Ci siamo addormentati presto

"Perchè domani è domenica e c'è la partita di calcio e la merenda"

ha detto la maestra

e all'orfanotrofio di Aleppo sono cose importanti!

"Tu maestra, sei mai andata a letto con la fame?"

Terremoto in Turchia febbraio 20 23

La Casa di Riposo

Non ho più una casa, la credenza,

i miei amati soprammobili,

quelli che mi aveva regalato il nonno,

mi dicono che così non dovrò più spolverare.

Non ho più le pentole

e nemmeno il mattarello

per fare le tagliatelle all'uovo.

Non ho più filo per ricamare il punto a croce,

perché ormai non vedo più bene.

Non ho più pennelli e matite per dipingere,

qui non si possono tenere.

Ieri volevo vestirmi per andare alla Messa,

mi hanno detto che è meglio se mi abituo a pensare che

la Casa di Riposo

ha solo una porta, quella d'ingresso.

Santità

Sagrato della Chiesa la domenica mattina.

Santina : "Bella l'omelia di oggi,

quell'uomo sa proprio come comunicare con la gente!"

Gino : "Vedi Santì, anche tu puoi ambire alla Santità,

il prete ha detto che tutti dopo la confessione,

siamo puri come bambini."

Santina : "Gino io sono Santina di nome e di fatto!

Santa lo sono da quando sono nata!"

Gino : "Ehh che esagerazione Santì,

un poco di umiltà non ti guasterebbe,

che ti intendi, che a sopportare tuo marito

ti guadagni il Paradiso?"

Santina : "No caro Gino,

m'intendo che a donarmi anche a te,

faccio opera di carità!"

Solo chi sogna .. può volare

Notte di febbraio

e tira un vento gelido da battere i denti

e la strada è quasi vuota.

Via Roma e i suoi portici durante il giorno,

sono il cuore pulsante della città,

poi la sera è come se avvenisse

una sorta di passaggio di consegne,

tra il popolo di sotto e quello di sopra.

Mentre i turisti rientrano in Hotel

pregustando la cena e la partita in televisione,

le strade del lusso si svuotano

e come dal nulla a Porta Nuova spuntano decide di persone,

che aprendo uno scatolone della Coop

ci disegnano sopra

una porta e un pallone.

Porta Portese

"Cristina perché non andiamo domenica mattina a Porta Portese?

Lo dice anche la canzone.

Vedo sempre le mie amiche passare con pacchetti e pacchettini.."

"Va beh, a che ora andiamo?"

rimbrotta lei poco convinta.

"Alle sette."

" Ma sei seria?

Lo dobbiamo fare noi il mercato!?"

"No, è che poi non trovi più parcheggio!"

Alle otto già sembra di stare al Souk di Marrakech,

con un misto di odori tra kebab e porchetta.

"Ciao bella, venire banco mio, belli abiti egiziani, belle stoffe marocco!"

"E i pacchetti belli dove sono ?!

Per fortuna che lo diceva la canzone,

cinquant"anni fa, forse!"

Stavo in uno scatolone
e fuori c'era scritto fragile

Una bambina spegne le candeline della sua torta di compleanno

con gli amici,

una festa di compleanno come tante,

in una cucina gialla

con le pareti con la carta da parati.

Sul tavolo tanti regali e una cornice con una fotografia.

"Quella foto l'ha scattata la nonna l'estate scorsa al mare,

mentre io e la mamma giocavamo

con la sabbia a fare i castelli"

A Marina spunta una lacrima

e pensa che è troppo piccola per affrontare un dolore così,

ma già troppo grande

per non capire che la vita

le ha girato le spalle già due volte.

Olive taggiasche e un filo d'olio

Emma adora aiutare la mamma in cucina

e anche se ha solo tre anni, la sera indossa

il suo cappello da Chef, il grembiulino rosso e

mentre si arrampica alla seggiola appoggiata al tavolo, la imita.

La cosa che le riesce meglio è aggiungere

"Un filo d'olio" alle pietanze,

frase che ripete benissimo.

Distrattamente la mamma le chiede di distribuire

anche le olive nella teglia.

Con fare stupito la bimba esclama:

"Mamma le taggiasche sono finite!"

"Ma come finite?"

chiede preoccupata la mamma.

"Le ho distribuite bene bene, come mi hai insegnato tu ..

nella mia pancia! Mi piacciono tanto!"

dedicato a Emma

Gli uomini e la febbre

"Amore mi sa che ho un po' di febbre,

me la puoi misurare?"

"Aldo per cortesia, prendi il termometro e vedi da solo."

"Amore ho trentasette e due, che ti avevo detto,

mi dai una Tachipirina?"

"Aldo senti, sarà un po' di stanchezza, mettiti a letto."

"Amore lo sai cosa può provocare la febbre alta?

Le convulsioni e addirittura la morte!

Puoi chiamare mia mamma

che la voglio salutare?"

"Aldo non chiamerò tua madre

e non ti metterò il ghiaccio!"

"Amore hai promesso in salute e malattia!"

"E sarò la vedova più sana dell'universo

se non la smetti subito!"

L'insospettabile

Giuseppe sta giocando con il suo cane e

sente avvicinarsi qualcuno,

il fruscio delle foglie e i passi veloci lo inducono a pensare

che sia un bambino come lui.

Si accorge di un respiro frettoloso,

uguale a quello dei suoi amici e

decide di avvicinarsi per accarezzargli il viso.

Occhi grandi, lunghe trecce e un odore di buono,

di zucchero a velo,

è una femmina.

"Ciao vuoi giocare con me?"

Vittoria legge le sue labbra e lo prende per mano.

E mentre si allontanano insieme sorridendo,

la complicità delle emozioni, permette a Giuseppe di vedere

e a Vittoria di sentire.

Il Beppi e le rime

Il sole mostra i suoi raggi e

le donne in laguna aprono le finestre

stendendo i panni al vento,

appesi a una corda,

che passa da un palazzo all'altro

sopra i canali.

I gondolieri cantano di calle in calle e il Beppi,

che la Fiammetta ancora non se l'è sposata,

ha inventato un codice rimato,

per avvisare la sua fidanzata del suo arrivo,

così da evitare il futuro suocero.

"Fiammetta la corda tira che 'l moroso riva."

Ma sul porton,

lo spetta el paron col baston in man!

"Beppi o te la sposi o nel canal te foghi!"

La bambina con la valigia di cartone

Dal Veneto al Piemonte nel millenovecentoquarantacinque

per il viaggio della speranza,

dove Angelina si lascia alle spalle una bella fattoria,

le galline e le uova fresche e

il profumo del pane fatto in casa al mattino.

La valigia di cartone,

da riempire con i pizzi della nonna e

gli zoccoli di legno,

con la speranza nel cuore per poter riempire quel vuoto

che si insinua nella mente, fino a arrivare

alle montagne, alla fabbrica di tessuti,

alle mondine che cantano nei campi.

Dalla Tunisia all'Italia nel duemilaventidue

la stessa valigia di cartone,

un'altra bambina, la Storia si ripete.

Gli uomini e la pensione

Da quando mio marito è in pensione si cena alle sei e trenta,

perché mangiare leggero e presto, mantiene sano il corpo e la mente

-dice lui-

io piuttosto penso che abbia problemi di digestione,

ma me ne guardo bene dal dirglielo!

"Roberto per favore puoi travasare le bottiglie?"

-chiedo cortesemente dopo cena.

Mio marito non risponde,

prende le bottiglie e si accinge a unirle

con il conseguente risultato

che l'acqua si spànde sul tavolo e

cade sul pavimento.

"Roberto usa l'imbuto!"

"Sì l'infuso a quest'ora, per chi mi hai preso?

Per un vecchio pensionato decrepito!"

I mozziconi di pastello

Millecinquecento bambini che non sapevano

cosa fosse *il viaggio,*

perchè se l'avessero saputo non sarebbero sopravvissuti.

E una maestra che insegna

a mettere sulla carta i loro sogni,

le loro paure e i loro desideri.

In questa finta realtà fatta di grandi stanze sporche,

dove l'odore del piscio ti penetra in bocca e ti fa vomitare,

dove a turno vieni portato negli uffici dei tedeschi e violentato,

maschio o femmina che tu sia,

la sofferenza trova realizzazione negli occhi di chi,

con la dolcezza di una mamma,

ti aiuta

a disegnare l'arcobaleno

con quei mozziconi di pastello.

Tuo figlio

Ci saranno giorni in cui misurerai la temperatura del bagnetto

con tre termometri diversi

per assicurarti che sia perfetta,

e altri in cui Caronte trasborderà le anime sulla tua vasca.

Giorni in cui organizzerai compleanni

anche per tutti gli amichetti di scuola e

altri invece in cui lo convincerai che passare l'aspirapolvere

è il massimo dello spasso.

Ci saranno giorni in cui tuo figlio sarà impeccabile

in abiti stirati dalla nonna,

altri in cui dalla lavasciuga passeranno direttamente

alla sua testa.

Ma in nessuno di questi, nemmeno per un minuto

penserai di aver fallito,

perchè tu sei la sua mamma.

L'ammorbidente

"Giulia hai finito tu l'ammorbidente?"

-chiedo a mia madre-

perchè se sono arrabbiata la chiamo per nome,

rendendomi conto però,

che in casa viviamo solo noi due!

"Assolutamente no!"

-risponde lei indispettita solo dal fatto, che glielo abbia domandato,

quando più di una volta l'ho pizzicata a versarne

l'ultimo goccio in lavatrice!

"Mamma le *Istruzioni per l'Uso* indicano:

Aggiungere al bucato dopo il lavaggio, prima della centrifuga,

ma non dicono *Bere*!

Che poi tanto i miei panni non capisco come, sono duri lo stesso!"

"Certo che sono duri, ci metto l'acqua nella bottiglia!"

dice lei sogghignando.

I girasoli dalla testa gialla

Il mestiere del giornalista è uno dei lavori più duri del mondo,

soprattutto quando tocca a te

scrivere di atrocità disumane.

Da lontano sento urlare:

-Hanno bombardato la scuola elementare!-

Un fuggi fuggi di donne inforca le biciclette e

pedalando giù per la strada di sassi,

si lancia attraverso i campi d'oro.

Le macerie mi riempiono gli occhi di fumo sospeso

quando vedo brandelli di grembiulini

appesi ai lampioni della strada,

mentre da un masso sbuca qualche bambino.

Da lontano i girasoli dalla testa gialla mi fanno l'occhiolino,

come a dire:

-Questa è l'Ucraina, benvenuta in guerra-

liberamente tratto dal racconto di A.A. "I girasoli dalla testa gialla"

La zingara e il pianista

La Signorina Provato

è una bella donna di mezza età

che di professione fa la zingara,

cioè ruba.

Con le vesti lunghe e la mantella indosso,

il giovedì giorno di mercato nell'isola lagunare,

la signorina si accinge a fare il suo mestiere

e disgraziatamente punta il pianista di strada,

quello che è sempre a suonare alle Fondamenta.

E gira di qua e gira di là e la moneta eccola qua,

la Provato *la gà provà*!

Peccato che il bel donzello

el la gabbia zà inquadrà la zingarà e

nel borseo el gabbia messo la BERETTA,

altro che la MONETA!

Sopra la scritta rossa al neon

La stanza è illuminata a intermittenza,

ROSSO/BUIO   ROSSO/BUIO

per tutta la notte.

Alla luce a volte ci abbino un suono

come quello del campanello e allora tutto si trasforma in

ROSSO/DRIN,

mentre quando ho un appuntamento,

inevitabilmente al ROSSO/DRIN

si aggiunge il ROSSO/PAM.

C'è chi sale da me,

vede la scritta al neon appesa sotto la finestra

e si sporge a guardare,

chi invece paga e se ne và.

Quello che accade in questa stanza e il motivo per il quale accade,

è solo una cosa mia e a te non è concesso giudicare!

Le stelle marine di Fahmi

Fahmi è troppo piccolo per viaggiare da solo,

troppo piccolo per essere raccolto dal mare

nudo e in lacrime

e per farlo addormentare gli racconto una storia.

"Dal mare una notte arrivarono

migliaia di stelle marine,

un bambino corre sulla spiaggia e

da solo si mette a raccoglierle, una per una.

Un vecchio gli urla dal pontile

Che fai? Non puoi salvarle tutte, sono troppe!

Il bambino risponde - "Infatti ne salvo una per volta"-

E a poco a poco arrivano tante persone

che raccolgono nella notte tutte le stelle marine.

Fahmi è troppo piccolo e indifeso

per perdere la speranza.

Il Requiem di Verdi

Campo di concentramento

maggio millenovecentoquarantacinque,

un luogo pieno di musica e di artisti,

di occhi spezzati che sognano ancora.

Ai deportati viene imposto di recitare a una festa

la gioia che non c'è e loro

scelgono un'opera cantata in italiano e scritta in latino,

rivolta ai defunti e ispirata alla liturgia cattolica,

il Requiem di Verdi.

La più grande forma di protesta,

atta a dimostrare che mai si sarebbero inchinati ai tedeschi.

Non c'erano spartiti, impararono tutto a memoria,

fu la più grande espressione di riscatto mai vista.

Un testamento che insegnò la libertà

attraverso la musica.

Le Chat delle mamme

-Buongiorno mamme, mio figlio con i compiti di inglese

non ci capisce niente!-

"Certo! Se invece di ascoltare disturba tutti!"

-Buonasera mamme, Giulietta sa tutto,

anche perché noi in casa parliamo fluentemente più lingue-

"Fortunati voi che n' c'avete niente da fà che girà l' mondo!"

-Mamme, i compiti li devono fare a casa?

Perchè io pago duecento euro al mese per il doposcuola!-

" Sti poveri ragazzi che stanno a scuola

dodici ore al giorno!

e la domenica te pesa pure starli ad ascoltà"

"Mamma con chi parli?"

" Con nessuno, Carlotta guardiamoci un film in inglese,

così ripassiamo!"

KR 46 M 0

Davanti a noi, sulla passeggiata Cristoforo Colombo,

con il mare blu che fa da sfondo sfilano scarpe,

fazzoletti rossi e quelle piccole Croci Azzurre,

costruite con i resti del barchino

che lo Ionio ha sputato questa notte.

Dopo l'ultimo messaggio vocale in whatsapp:

-*Va tutto bene siamo in Italia, tra un'ora sbarcheremo*-

il nulla e noi Crotonesi non guarderemo più

quel mare con gli stessi occhi.

Sulla tua piccola bara bianca qualcuno ha appoggiato

una macchinina della Polizia e un biglietto anonimo con scritto:

K R *Crotone*

4 6 *quarantaseiesima vittima*

M *maschio*

0 *meno di un anno*

Il vialetto dei Rossi è sempre più verde

"Sai amore che i Rossi quest'anno

si fanno un mese di mare?"

-Luigi i Rossi sono impiegati in banca,

non, insegnanti precari come noi!-

"Vedessi amore quanta gente a cena stasera dai Rossi,

le macchine arrivano alla strada."

-Amore loro non hanno tre bellissimi figli

da portare a calcio, riportare a casa e

seguire con i compiti.-

"Amore che bel cane hanno preso i Rossi,

un golden retriever!"

-Quello ce lo possiamo permettere anche noi,

così puoi attraversare il loro bel vialetto verde,

arrivare alle dirimpettaie finestre e far fare pipì a

Bijou sull'araldica vita faraonica dei vicini!-

Quell'abbraccio mancato

La notte è una pessima compagna quando hai un dolore,

ti giri e rigiri nel letto e tutto riaffiora alla mente.

E tu, professa amica,

dov'eri durante gli anni del processo?

Durante le inesorabili udienze tutte uguali,

fatte di calunnie e accuse.

In quale posto accanto a me ti sei seduta,

quando giorno dopo giorno

quell'incubo si è trasformato

nella realtà più vera?

Perchè io non ti ricordo al mio fianco

nel sostenere la mia battaglia,

ma ricordo quell'abbraccio mancato che mi avrebbe aiutato

a gridare a tutto il mondo

"Sono Cristiana! Sono una mamma! Sono innocente!"

liberamente tratto da " L'officina dei ricordi..il mio viaggio dentro l'affido"

di A.A.

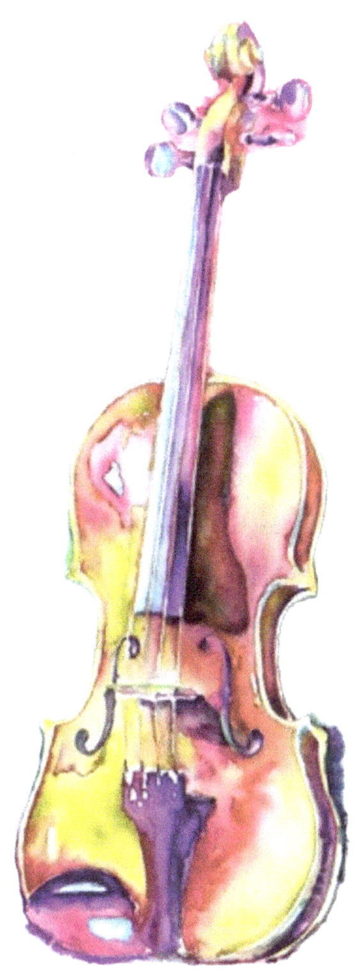

La firmetta e il violino

Antonio è un papà orgoglioso.

Appoggiato sopra al tavolo, nella bottega della figlia

c'è un piccolo strumento,

costruito per un musicista bambino.

"Papà me lo compreresti quel violino?"

chiede Anna scaltra.

- Se non fosse già venduto, certo che te lo comprerei,

ho sempre desiderato averne uno in casa

da mostrare ai parenti!-

Spiega Antonio visibilmente commosso,

ripensando ai sacrifici fatti per darle un futuro.

Anna sfila dall'armadio una fotografia

ritraente il suddetto, che ne attesta l'autenticità.

-Papà con una firmetta è tuo, non è bene tenere in casa strumenti di valore,

per i parenti è sufficiente questa!-

-

La macchina elettrica

Il primo mercoledì di ogni mese è fisso,

ore diciotto aperitivo al bar con Maria e Elena,

le storiche amiche d'infanzia.

"Lo sapete che entro il duemila trentacinque

avremo tutte la macchina elettrica?"

Dice Elena la sognatrice, che già si vede scorrazzare

per le vie del centro con l'ultimo modello rosso fiammante.

"Sì così per ricaricarla dovrò accendere un mutuo

con il distributore dell'energia elettrica,

sempre che me lo conceda,

visto le ultime bollette in rosso!

Controbatte Maria, la più realistica di tutte.

"Signorine Spritz?"chiede il cameriere.

"Meglio tre Toniche -rispondo io-

il rosso non ci dona!"

I Vaccini

Mia nonna aveva tre sorelle,

due sono morte di spagnola.

Perché allora

si poteva morire in santa pace!

Oggi c'è un vaccino per tutto,

per il Covid e il richiamo e il pneumococco,

che non ho ben capito da cosa mi tenga alla larga,

ma la dottoressa ha detto che gli anziani lo devono fare.

Per l'influenza, per l'epatite che era scaduto

e per la meningite che faccio il volontariato.

Dimenticavo sono caduto e mi hanno fatto l'antitetanica.

Non rimane che rivolgersi a Sant'Antonio..

-*No!* - dice mia moglie,

c'è un vaccino anche per quello!

Un poliziotto a Parigi

Mi aggiro da più di mezz'ora

intorno a un vecchio portone di legno,

di quelli con la maniglia in ottone

nel sesto arrondissement di Parigi

alla ricerca del ladruncolo di orologi.

Con jeans e maglietta mi fingo un gargoyle

dall'aria pietrificata

e mi ripeto trionfante che ho amato questa città

ancor prima di averla incontrata.

Da Rue Dupin spunta

uno spocchioso chiwawa rosa,

guinzagliato dalla più bella parigina che io abbia mai visto!

Le chien rose decide di attaccarmi!

Incredulo mi metto a correre con la parigina dietro,

ma l'ho intriso nella pelle l'odore del poliziotto?

Lezione al cimitero

Quando la maestra Paola arriva

al cimitero di Lampedusa

con i bambini, propone un gioco:

si sceglie un bambino e tutti possono parlare di lui,

ma non con lui.

Alla fine chiede al prescelto come si è sentito e

sempre affiora la sensazione

di sentirsi invisibili.

"Ecco *-spiega ai bambini-* come si sentono i migranti,

tutti parlano di loro, ma la voce di questi esseri umani

non si ode mai, sono

come gli attori invisibili di una storia che non possono raccontare

e queste lapidi, senza nome,

il piccolo tentativo di restituire

dignità a chi l'ha persa in mare.

Chiedo scusa

C'era una volta un ragazzo, che con i suoi gesti

autorizzò il passaggio di un messaggio sbagliato,

dove i giovani tutto possono e a loro tutto è dovuto.

C'era una volta un adulto,

travestito da bimbo

che scambiò l'autorevolezza con il potere

e tutto distrusse.

C'era una volta un adolescente,

che il mattino dopo il misfatto,

scrisse una lettera indirizzata a se stesso

e si scusò.

C'era una volta una voce così bella,

che decise di duettare con il ragazzo,

cantarono una canzone meravigliosa

e la città dei fiori con il mondo se ne dimenticarono.

Cara Beatrice

Cara Beatrice, tu sì che sei stata

trattata come una vera Donna!

Dante ha attraversato l'Inferno per cercarti

e per dimostrarti come si possa amare per tutta la vita,

anche da lontano, senza mai possedere.

Oggi si dice ancora Ti Amo?

A quel tempo non esistevano Whatsapp e Instagram.

a quel tempo non si parlava di femminicidio.

Sì è vero la storia non sempre è coerente

con la realtà che oggi l'individuo vive,

eppure lui ha attraversato il tempo scrivendo il Libro

più bello del mondo.

Cara Beatrice,

se fossi nata oggi, nessuno ti avrebbe mai voluto incontrare.

Si *spai* chi può!

"Maestra, anche se un calzino ha le stelle o i pois o le righe,

tutti possono giocare insieme?"

chiede con quell'aria da saputella Gaia

che frequenta il terzo anno alla materna,

ed è nei Grandi!

"Se un bambino è vestito di giallo o verde o rosso

fa differenza? Le sue manine o i suoi piedini

non hanno sempre cinque dita?"

La maestra Olivia non dà mai una risposta certa,

vuole che i suoi bambini

giungano alla conclusione da soli,

e per risposta urla alla classe:

"Si Spai chi può!

Camminiamo tutti nei colori

e poi tracciamo il percorso insieme!"

ispirato alla giornata Mondiale dei Calzini Spaiati

La Dottoressa Stranamore

-Loredana sbrigati che dobbiamo uscire!-

-Io in piazza non vengo, che se

incontro quel furfante del Ludovico

chissà che gli faccio!-

-Suvvia Loredana che sarà mai, t'ha solo che tradita,

lo fan tutti, sono omini!

Vorresti scambiare il tu Ludovico

così dolce e premuroso,

con quello del banco della verdura?

Che t'invitò a casa sua e poi te li fece vedere i fagiolini sì,

ma da lavare e cucinare!-

-Ho detto che preferisco restare zitella piuttosto che perdonare!-

-E allora me lo sposo io il tu fidanzato,

così che c'avrò le corna,

ma le cene sempre pagate!-

Hai ragione

Parole Preziose

8 marzo

Negli anni settanta nello spazio di un cortile,

un piccolo ma variegato gruppo di bambini diventa famoso

attraverso le vignettature di Charlie Brown.

Forse il segreto della sua grande popolarità cristallizzata nel tempo,

rimane proprio in quell'esclusività,

dove né educatori né genitori presenziano.

Oggi Antonio, nel giorno della festa della Donna,

pubblica sui social un *post,*

rappresentante quei bambini in un dialogo.

"Dimmi qualcosa che mi faccia sentire una donna,

senza dirmi qualcosa che mi faccia sentire una donna."-dice lei-

"Hai ragione" -risponde lui-

Attento amico mio a non confondere la commediola

con il cattivo gusto.

Il ritocchino

Oggi è il mio compleanno e sto litigando con la bilancia,

che ha deciso di rompersi sul numero zero,

neanche a farlo apposta.

Farei un patto col diavolo

pur di non avere quell'accenno di doppio mento e

quelle rughette sul viso, che li certificano proprio tutti

i miei primi cinquanta!

E mio marito proprio adesso, ha deciso di dichiararmi guerra

per quell'assegnino da diecimila euro,

che ho firmato al suo miglior amico Maurizio,

che fa il chirurgo plastico.

Quante tragedie per qualche zero,

in fin dei conti ho solo contribuito a mantenere uno,

che è quasi di famiglia.

I Doni di Dio

C'è tanta gente oggi in Chiesa

e ci siamo anche noi,

il Coro, pronti a cantare le canzoni che amate.

Agghindati *"a festa"* per voi.

E oggi non lo capiamo il perchè la vita all'improvviso,

ti toglie le persone più care.

Oggi non sappiamo che nome

dobbiamo dare al messaggio che dice:

"il nostro caro Luca .. la nostra cara Francesca"

ci hanno lasciato.

Li chiamiamo semplicemente *I Doni di Dio.*

Quelle persone speciali che hanno camminato con noi,

messe sulla nostra strada con i loro se e i loro ma.

Tutti che hanno lasciato in Dono ..

se stessi.

dedicato a Luca e Francesca

Il portinaio del Convento

Buonasera Abate, si può parlare col Frate Ilario,

che avrei una certa urgenza?

-Oggi no perché confessa-

E dopo aver confessato si può?

-Dopo deve dire Messa-

E dopo la Messa sarà tempo? *-Dopo ha il Breviario-*

Per favore Frate Bolletta, voi che gli siete così vicino,

avvisatelo che è una cosa importante.

Caro, qualunque cosa, oggi è lo stesso,

perché non può lasciare il confessionale.

Che peccato, pazienza gli avevo portato,

per quell'affare che vi avevo detto, questi pochi salami appena fatti.

-Aspettate figlio benedetto,

che quando è proprio una chiamata di premura, lui viene,

ora ci rifletto.-

Il settimo marito di Peggy

Passeggiando tra i filari di cipressi impressi sulla tela,

incuriosita ti soffermi accanto a me.

Io, mentre sento il rumore del tuo respiro

e mi inebrio del tuo profumo,

mi accorgo che già sono innamorato.

E come se rispondessi ad un mio tacito quesito, spavalda mi dici:

"Lei assomiglia incredibilmente al mio settimo marito!"

"Ah sì, trova delle somiglianze? E in cosa?"incalzo io.

"Beh nei lineamenti del viso e questa strana intraprendenza

che la caratterizza."

Trattengo la voglia di sorridere al tuo bizzarro modo e

mi spingo oltre chiedendoti:

"E quanti mariti ha avuto?"

"Sei."

rispondi tu baldanzosamente fiera.

liberamente tratto da "La vita di Peggy Guggenheim"

Dov'è la mamma di Ricky?

Luca e Ricky sono migliori amici,

mangiano insieme, dormono insieme e fanno i capricci insieme!

Io e il papà di Ricky stiamo aspettando fuori dall'asilo,

per prendere i monelli.

Luca chiede con insistenza

di poter giocare con Ricky in giardino,

copione che si ripete ogni pomeriggio.

"Càpitano solo a me questi attimi,

in cui infilerei mio figlio in lavatrice? "

Il papà di Ricky sorride asserendo:

"Tentativo fatto, per fortuna mio marito mi ha fermato!"

Correndo fuori, mio figlio improvvisamente

si fa serio e chiede a Ricky:

"Dov'è la tua mamma?"

"Non c'è, perché io ho due papà!"

Habemus Papam

Gli abiti rossi lunghi fino ai piedi e abbottonati sul davanti,

la fanno da padrone.

La tradizione vuole che file di Cardinali

provenienti da tutto il mondo e

scelti dal Cardinale Decano,

chiusi a chiave nel palazzo papale,

prendano una decisione il prima possibile.

Un Papa di colore? Un Papa donna ?

il vociferare è prolifero!

Settantacinque favorevoli, due astenuti e così

la fumata nera viene proclamata dal conclave.

Chi l'avrebbe mai detto che l'avrebbero scelto

ai confini del mondo,

lui che con la sua borsa nera e il fare umile sarebbe stato

il Papa della Terza Guerra Mondiale.

dedicato a Papa Francesco

La Cartomante

L'altra sera mentre passeggiavo con Alessia sui Navigli,

tra un banchetto di perline e l'altro,

una cartomante mi ha detto:

-Sei una donna molto fortunata,

è in viaggio una bellissima missiva per te!-

Io non è che ci credo tanto

però un pensierino me lo sono fatto,

fosse mai che dalla lontana America

un parente a me sconosciuto

mi avesse lasciato un eredità.

Cara fattucchiera mi complimento con te,

oggi *-c'è posta per me-*

che non è che hai un filo diretto con Maria?

La decantata epistola per bene imbustata è arrivata,

sì dall'Agenzia delle Entrate!

Frate Cipolla e l'oro giallo

-Dite Frate Cipolla che roba è quella che avete sotto al glicine,

che così tanto profuma?-

-Zitto per carità Severino, che non si deve sapere

che nell'orto ci tengo un tesorino.-

-Certo ci mancherebbe e chi vuole che se ne accorga

è tutto circondato dalle cipolle,

giusto io che vi aiuto con le erbacce,

solo che .. -

-Che? Cosa v'intendete?

Vorreste dire che vi permettete di chiedere Grazie?

Sapete che le fa solo il nostro Dio!-

Nooo Priore non mi permetterei mai,

un piccolo pensiero per il risotto dei prossimi anni

sarebbe più che sufficiente,

col lingotto mi intendo?

Covid.. per non dimenticare

In mezzo a quella bassa foschia tipica della Pianura Padana,

lascio la mia vita giù dall'ambulanza,

per entrare nella vita degli altri.

Entrando nelle case,

vedo le fotografie del matrimonio dei figli appese al muro,

le medaglie dell'ultima gara in bici sul comodino

e mentre ascolto,

chiedo un cambio di vestiti e un numero di telefono.

I volti dei parenti si trasformano

in fantasmi che mi assalgono,

non so se spaventa più il dolore o la mia tuta bianca.

Come un'astronauta cammino,

impacciata giù per le scale,

mentre gli occhi dei vicini

spiano dietro le finestre buie.

La vasca da bagno di Aladino

Aladino è un vero furfante

e ama bighellonare tutto il giorno

tra i meravigliosi peschi in fiore del Catai,

mentre attende che mamma Akame cucini le sue prelibatezze,

per approvvigionare la famiglia.

La sera è la solita discussione che si ripete.

"Aladino *entla* nella vasca, devi *fale* il bagno."

-*Non ci penso ploplio, nemmeno ne uscisse un genio!*-

La vasca azzurra è fumante

e da essa ne sprigiona un intenso profumo

di rosmarino e salvia,

dalla quale improvvisamente esce un Sultano.

"Chi sei?" -chiede Aladino-

Sono il Sultano dell'*olto,* entla che l'acqua scotta,

ma la veldula è ottima!

Amiche

"Ti ho chiamata questa mattina..

non hai risposto.

Volevo farti gli auguri e farmi perdonare,

ti ho trascurata ultimamente.

Ho deciso che questa sera ti vengo a prendere

e andiamo a bere uno Spritz in quel localino

che ti piace tanto sui Navigli,

fatti trovare pronta per le sette."

Ho trovato il biglietto che da quarant'anni amica mia,

ad ogni compleanno infili sotto la mia porta, di nascosto ..

In realtà spero sempre sia un uomo a scrivere al tuo posto

nonostante i miei novant' anni,

ma va bene così,

io ho preso la pensione,

tu metti benzina alla macchina!"

Una nonna a New York

Ho ottantadue anni, quattro figli e undici nipoti e

se voglio andare a New York

ci devo andare da sola!

Non ho più la patente e nemmeno la bicicletta,

e se mi serve la spesa,

devo fare da sola!

Non ho più il marito e nemmeno il cane

e se voglio compagnia

devo stare da sola!

E allora con i soldi della pensione chiamo il taxi,

con la valigia salgo sull'aereo e

con la fantasia in un battibaleno

sono nella Grande Mela,

vestita di piume e paillettes al Radio City Hall.

"Nonna svegliati che è già ora di cena!"

Confidenze

"Mamma mi racconti ancora la nostra storia?"

" C'era una mamma che in una fredda notte d'inverno fece un sogno,

Un' angelo le disse che sarebbe arrivato un bambino.

Lei non poteva avere figli, a causa di una grave malattia.

Qualche giorno dopo andò in ospedale

e sentì che un bimbo era nato prematuro,

di poche settimane

e che la sua mamma non ce l'aveva fatta..

Ricordandosi del sogno,

prese il bimbo, lo portò a casa

e promise di crescerlo,

mostrandogli ogni notte quell'angelo in cielo."

"Quel bimbo sono io mamma?"

" Sei tu,

ora metti il cappottino."

Il Portiere d'albergo

Il Portiere è il volto che si adatta alla persona che ha di fronte,

per offrire ad ognuno la faccia che si aspetta.

È colui, che effettua un viaggio nella vita degli altri

trasformando l'impossibile in fattibile con discreta silenziosità,

chiamando a volte un taxi o un ristorante.

Sempre rispettoso, mai indeciso.

Traccia una trama fatta di prìncipi,

nuovi ricchi e sconosciute modelle.

È tenuto ad ascoltare, parlare poco,

giudicare ancor meno.

È invisibile ma c'è.

Ore ventitré, squilla il telefono.

" Buonasera vorrei ricevere in camera una sfiziosa cena."

" Certamente Signore,

le consiglierei il Gran Menu del Madagascar."

8 febbraio 1946

Dà un po' ti ho scritto, tempo,

perché voglio chiederti di restituirmi

i miei momenti indimenticabili,

voglio ritrovare quel giorno dove vestita da sposa

camminavo sulla neve e promettevo la mia vita a lui.

Tu però mi hai detto che non puoi,

che devo frugare tra i ricordi e in mezzo alle pagine della memoria,

dove le emozioni che restano,

rimangono indelebili.

Io caro tempo, ho tante parole da cancellare,

mille sguardi da ritrovare e infiniti dolori da strappare..

Mi hai risposto che nel tempo

ogni istante è respiro,

ogni momento è fragore e

ogni attimo vissuto è già passato.

L'arte di saper educare i mariti

"Faccende domestiche, cucinare e stirare,

come riuscirò a fare tutto oggi?!"

dice al telefono Alba, mia sorella,

che è in pensione e ha un marito modello.

"Meno male che a casa c'è Daniele che con l'orario continuato,

è sempre libero prima di me!"

Osservo io, che confido nella nostra equità matrimoniale,

sperando che non si sia messo sul divano per 'un minuto',

come dice lui!

Dopo cena, mentre mio marito pensa ai piatti, io lavo il pavimento

e puntualmente

lui cammina nel bagnato!

"Cos'è che non ti è chiaro

-dico io-

di quello che ti ho insegnato?!"

dedicato a Ceci

Il paese dei balocchi

Il *paese dei balocchi* è adagiato fra terra e mare,

dove meglio non si può stare.

Vivono al suo interno strani individui vestiti di *diverso colore*,

che paiono majorette al carnevale.

Tanti *stressati* da mogli e amanti, tanti ammaestrati

per *affari malandati*, tutti amministrati

dal re della foresta : *il grillo.*

C'è chi va cercando di trasformare le opportunità in realtà e

chi è costretto a dormire *in tenda* per un esame all'università.

Venite gente, recita il grande cartellone

rivolto verso *l'arcobaleno,*

dove la *Venere del Mare* vi invita ad arrivare

nel bel paese che tutti può ospitare.

INDICE